ATRAVÉS DO PORTAL DA MORTE

GEOFFREY HODSON

ATRAVÉS DO PORTAL DA MORTE

Mensagem aos que estão de luto

Theosophical Publishing House
Chennai (Madras) - Índia

Direitos Reservados à
EDITORA TEOSÓFICA
SGAS Quadra 603, Conj. E s/nº
70.200-630 – Brasília-DF – Brasil
Tel.: (61) 3322.7843
Fax: (61) 3226.3703
E-mail: editorateosofica@editorateosofica.com.br
Site: www.editorateosofica.com.br

H 687 Hodson, Geoffrey

Através do portal da morte / Geoffrey Hodson:
Tradução, Milton Lavrador.-1.ed.- Brasília:
Editora Teosófica, 2013.

Tradução de: Through the gateway of death
ISBN: 978-85-7922-095-1

1.Teosofia
II.Título

CDD 212

Revisão: Zeneida Cereja da Silva
Diagramação: Reginaldo Mesquita
Capa: Francisco Régis
Impressão: Gráfika Papel e Cores
E-mail: papelecores@gmail.com

Dedicatória

Agradecido dedico este livro à minha prezada amiga e ajudante, Srta. N. K. Griffith de Auckland, que por muitos anos me auxiliou a manter as condições sob as quais meus trabalhos literários mais recentes foram feitos.

Reconhecimento

Trechos deste livro, que é dirigido especialmente àqueles que estão de luto e necessitando consolo, apareceram num folheto do tempo da guerra, publicado pela Seção da Nova Zelândia da Sociedade Teosófica sob o título: *O Mistério da Morte.* Estou agradecido pela permissão para usar extratos desse folheto, com correções.

SUMÁRIO

PREFÁCIO

A dor causada por uma perda lutuosa pode, logo no princípio, ser tão grande que tanto o coração quanto a mente fiquem fechados a qualquer cura e a qualquer luz. A morte parece ser um final, uma perda irrevogável, um julgamento inapelável.

Este livro destina-se principalmente a consolar e inspirar os que estão de luto à luz dos ensinamentos da Teosofia. Dedica-se aos que sofreram uma grande separação. Também fornece informações aos que procuram conhecimento sobre o homem e, mais especificamente, sobre a sua vida após a morte.

A Teosofia afirma que sendo imortal a Alma Espiritual do homem, **somente o corpo morre**. Os que partiram não morreram em sua natureza essencial: permanecem o seu poder de compreensão e de amor, seu interesse pela vida, seu caráter e traços humanos. Os seres humanos conhecidos e amados continuam a viver após a morte do corpo. Eles apenas vão para outro mundo, um tanto distante deste, é verdade, mas ainda próximo. A separação não é irrevogável; aqueles que se amam, e a morte separou, tornarão a se encontrar.

A Teosofia explica ainda para onde foi a pessoa que faleceu, e também sob quais condições ela agora existe e como o encontro ocorrerá. De maneira definida e precisa, a Teosofia responde a todas as perguntas do coração ferido. Ela não oferece somente passagens vagas e textos escriturais, nem pede fé cega, pois seus ensinamentos são fundamentados em séculos de pesquisas conduzidas cientificamente, cujos resultados foram conferidos e reconferidos por sucessivas gerações de videntes treinados.

Geoffrey Hodson

Epson,
Auckland, New Zealand
1953

Capítulo 1

OS MEIOS DE PESQUISA

O longo e misterioso êxodo da morte

O assunto da vida depois da morte dificilmente deixa de ser do maior interesse para todos nós, pois quem de nós não teve a experiência da dor do luto, não sentiu o desejo de saber para onde foram as pessoas amadas e algo das condições da vida após a morte onde elas ingressaram e sob as quais estaremos submetidos quando nosso tempo chegar, como um dia inevitavelmente acontecerá? "O longo e misterioso êxodo da morte", como já foi chamado, é portanto um assunto que é bom considerarmos.

Aparecem muitas perguntas, tais como:

— A morte traz a extinção da identidade humana?
— Aqueles que morreram estavam conscientes da aproximação da morte?
— Eles estavam conscientes do processo de morrer?
— Como se ingressa na vida depois da morte?
— Em que condições a Alma desperta depois da morte?
— Há continuidade da personalidade, com memória, afeto, simpatia e interesses perduráveis?
— Há nessa outra vida tempo, negócios, trabalho, pressão, ou a pessoa fica livre de tudo isso na vida depois da morte?
— Podemos esperar que haja uma reunião com aqueles a quem amamos e que se foram?
— O que deveríamos oferecer à morte?
— Pode alguém fazer planos para sua própria vida depois da morte do corpo?

Apenas o corpo é mortal

Os ensinamentos da Teosofia possuem o poder especial de consolar o enlutado e trazer luz àqueles que procuram conhecimento da vida depois da morte, porque afirma de maneira inegável que há uma vida além do túmulo, que somente o corpo morre, enquanto o Filho de Deus imortal, o verdadeiro Ego[1], vive eternamente. A Teosofia reafirma o grande ensinamento da Bíblia (a Apócrifa) que dá solução para o problema da vida depois da morte, nas palavras: "Porque Deus criou o homem e fê-lo a imagem de sua própria eternidade". (*A Sabedoria de Salomão,* II 23.) Uma escritura hindu afirma a mesma verdade:

"O espírito nunca nasceu; o espírito nunca deixará de existir;

Jamais houve um tempo em que ele não existisse; Fim e Princípio são sonhos!

Sem nascimentos, sem mortes e sem mudanças, assim é o espírito para sempre;

A morte nunca o tocou, por morta que pareça a casa".

O Canto Celestial (*The Celestial Song*)
Sir Edwin Arnold.

Existe vida após a morte? A Teosofia ensina que a Alma

[1] Referência ao Ego Superior ou Eu Superior, Tríade Superior ou alma imortal individual que reencarna e evolui, conquista que caracteriza o estágio evolutivo humano, distinguindo-o dos animais, cuja a alma é grupal (vide LEADBEATER, C.W. *A Gnose Cristã*. Ed. Teosófica). Não confundir com o ego da psicologia moderna, que, em contraposição, se refere à personalidade mortal, quaternário inferior ou corpo, conforme o denominava São Paulo, que ainda o subdividia em corpo natural (abrangendo o corpo físico e o corpo etérico) e o corpo psíquico (às vezes, também chamado confusamente de espiritual, mas que verdadeiramente abrange o corpo astral ou emocional, e o corpo mental - I Coríntios 15:44). Também não confundir com o espírito ou mônada, a centelha divina que é eterna e perfeita, porque está fora da dimensão evolutiva do tempo. (N.E.)

espiritual do homem, seu verdadeiro e divino Eu, é imortal, eterno e indestrutível. Esta Alma imortal do homem está evoluindo para a perfeição através de experiências de muitas vidas na Terra. É somente o corpo que morre e não o verdadeiro Eu do homem, a verdadeira individualidade por trás do véu corpóreo. Esta é então a resposta à primeira de nossas questões.

Pesquisa pela percepção extrassensorial

A Teosofia tem também o poder de elucidar, porque mostra como o homem pode saber por si mesmo, enquanto ainda na Terra, os fatos da vida além do túmulo. Ela ensina que reside no homem uma faculdade por cujo meio o véu, que oculta de nossa vista o mundo invisível, pode ser descerrado e os fatos e os fenômenos desse mundo, as condições de vida podem ser vistos, investigados e compreendidos. Esta visão ampliada, que é um sexto sentido, latente na maioria das pessoas e desperta numas poucas, será usada normal e naturalmente por futuras raças. Quando desenvolvidas nos dias de hoje, essa faculdade habilita seu possuidor a fazer agora o que as futuras raças da humanidade farão, isto é, explorar em primeira mão e em consciência completamente desperta o mundo da vida após a morte, encontrar seus habitantes face a face e estudar com precisão científica como vivem.

Esta é uma afirmativa interessante e importante e que exige profunda consideração. Devo pedir a aceitação da existência dessa faculdade como uma hipótese, suscetível de experiência e prova no devido tempo; porque quase todos os ensinamentos teosóficos concernentes aos mundos invisíveis são obtidos pelo uso dessa visão ampliada como instrumento de pesquisa. É possível obter-se conhecimento direto, evidente, que pode ser testado por meios apropriados de investigação, pois há em cada um de nós o poder vidente e direto. Como eu disse acima, essa visão ampliada, latente na grande maioria dos homens, é esporadicamente ativa em poucos e é passível de desenvolvimento por um processo de autotreinamento. A existência de tal percepção extrassensorial, ou PES, como hoje é chamada, não é mais posta em dúvida. Testes científicos, efetuados sob estritas precauções por um longo período e com milhares de pacientes, provaram que a clarividência, clariaudiência e telepatia são poderes que um grande número de pessoas possui.[2]

[2] Ver: *The Reach of the Mind* (*O Alcance da Mente*) e *New Frontiers of the Mind* (*Novas Fronteiras da Mente*), Dr. J. B. Rhine.

Frutos colhidos de pesquisas

Através das idades, homens e mulheres, procurando resolver os mistérios da vida, submeteram-se ao treinamento necessário para despertar, da latência para a atividade, esses poderes adormecidos de que todo ser humano é dotado. Gerações de videntes, tendo despertado esta faculdade em atividade controlada, efetuaram pesquisas nos aspectos normalmente invisíveis da Natureza e do homem. Os frutos de suas investigações estão todos preservados e foram continuadamente ampliados, conferidos e reconferidos. Como resultado, está ao alcance do estudante de hoje um enorme tesouro de conhecimentos em todos os assuntos para os quais a mente do homem pode voltar-se.

Os gregos chamaram esta sabedoria das idades de *Theosophia*, Sabedoria Divina, e o homem de hoje possui um fragmento dela, sob a denominação moderna de Teosofia.

Capítulo 2

O PROCESSO DA MORTE

A aproximação da morte

Se é possível afirmar-se a existência da faculdade da visão ampliada – não o psiquismo passivo de um médium em transe, mas um poder efetivo, treinado sob o controle da vontade, como é a visão física – suponhamos que estamos no quarto de um agonizante, observando com os "olhos da vidência" a transição, deste mundo para o próximo, de alguém que está morrendo de velhice ou doença. Teremos imediatamente a resposta à nossa segunda pergunta: "Estavam aqueles que morreram conscientes da aproximação da morte?" A resposta é: "Geralmente, não". A falta de suprimento de sangue e, portanto, de oxigênio ao cérebro, acarreta a inconsciência, um processo semelhante ao sono. Mesmo que tenha havido sofrimento na proximidade da morte, este sofrimento cessa antes do fim.

O que vemos quando o processo da morte é diretamente observado? À medida que a hora da dissolução se aproxima, vemos as forças vitais sendo retiradas das extremidades e centradas no coração e aí visíveis como uma brilhante luz dourada. Depois disso, a sensação nos membros inferiores é grandemente diminuída. Então, quando a morte fica mais próxima, as forças vitais retiram-se para o meio da cabeça, no terceiro ventrículo do cérebro, que é a rede da consciência egoica durante a vida física.

A pessoa que está morrendo pode estar ou não ainda consciente fisicamente. Se inconsciente, no coma que precede a morte, ela será visível à visão clarividente em seu veículo superfísico. Este veículo é construído de matéria muito mais sutil que o éter e, em linhas gerais, lembra quase exatamente o corpo físico; é de fato, sua contraparte. Ele difere em aparência do físico, pois a substância com a qual é construído tem luz própria, de modo que brilha como se a luz viesse de seu interior, e é cercado por uma atmosfera visível como luz em constante mudança de cores.

A veste superfísica da alma

As cores da aura, como é chamada, correspondem a estados de consciência e são vistas variando com qualquer mudança de sentimento e pensamento. Certamente existe uma verdadeira ciência que eu me permito mencionar de passagem — a ciência da correlação dos estados de consciência com as cores da aura. Uma corrente de simpatia por alguém em estado de dor ou perturbação, por exemplo, invade a aura com o verde; esforço intelectual, com o amarelo. O azul denota atividade devocional; lilás, espiritualidade; rosa escuro tendendo para o carmezim, amor. O vermelho é a cor da zanga e irritabilidade; o marrom, do egoísmo — e assim por diante. Como já foi dito, estas cores são visíveis pelo clarividente, de modo que ao olhar as auras das pessoas é possível dizer a espécie de pensamentos e sentimentos a que dão habitualmente expressão e, assim, descobrir seu temperamento e seu caráter. Naturalmente, tal poder não é usado, salvo com permissão e com finalidade de pesquisa.

O cordão prateado

A aura será, assim, visível em torno da pessoa agonizante que, fisicamente inconsciente, está então fora de seu corpo físico e flutuando acima dele, mas a ele ligado por uma corrente de forças que brilham com uma delicada luz prateada. Esta corrente flui entre as cabeças do corpo físico e do superfísico, assim ligando-as. Enquanto continuar fluindo há sempre a possibilidade do despertar físico[3]. Uma vez rompida, o que se dá no momento da morte, não há mais possibilidade de retorno. Casos de ressurreição aparente são, na realidade, apenas o despertar dos corpos que não estão mortos. Isto é descrito no Cristianismo como segue: "Antes que se rompa o fio de prata; e se despedace o copo de ouro, e se quebre o cântaro junto à fonte, e se desfaça a roda junto ao poço, e o pó volte à terra; como o era, e o espírito volte a Deus, que o deu". (Ecl., XII 6, 7.)

---

[3] A chamada Experiência de Quase Morte (EQM) retorna, mesmo de um estado de coma, a partir deste ponto. A EQM foi pesquisada pelo Dr. Raymond Moody Jr. em 150 casos de pacientes relatados inicialmente em sua obra *Vida Depois da Vida* (Rio de Janeiro, Nórdica, 1983.), também citada e comentada por Lindemann e Oliveira em *A Tradição-Sabedoria* (Ed. Teosófica). Chama também a atenção o caso de Al Sullivan, que afirma ter estado fora do corpo durante uma cirurgia, enquanto o seu corpo estava vendado e inconsciente pela anestesia, e ainda assim descreve com perfeição os bizarros movimentos dos braços de seu cirurgião Dr. HiroTakata, conforme está documentado com testemunhas no vídeo *O Momento da Morte* da National Geographic Television, disponível na Internet (http://www.youtube.com/watch?v=KGvAdGfiGUY).

O cordão é desfeito

A pessoa agonizante pode voltar temporariamente ao seu corpo e, ao abrir os olhos, ver alguns fenômenos do mundo vizinho e fazer referência a pessoas não presentes fisicamente. Quando chega o exato momento da morte, o "cordão prateado" rompe-se, e o homem ergue-se como se liberado de uma tração gravitacional. Embora não absolutamente certo, estou inclinado a pensar que o momento exato da morte está fixado para cada um de nós. Quer seja assim ou não, o momento chega, o cordão se rompe, o homem está livre de seu corpo e nele não mais despertará. Os sinais da morte então aparecem nele; seu trabalho está terminado.

A vida passada é revista

Em quase todos os casos o homem está inconsciente da morte como está do sono. Ele passa, por assim dizer, com um suspiro, deste mundo para o próximo. Geralmente ele está empenhado num processo de revisão, no qual passam ante seus olhos mentais os acontecimentos da vida que acabou, em perspectiva clara, causas e efeitos, sucessos e seus resultados, omissões e suas consequências, sendo vistos e correlatados. Este processo de revisão é muito importante, pois daí destila-se uma certa sabedoria – o fruto da vida encerrada. É por esta razão que deveríamos mental, emocional e fisicamente ficar quietos na câmara da morte, de modo que, por excesso de pesar, não venhamos a perturbar o ser amado neste importante processo. Ele está agora vivendo em seu corpo mais sutil, o corpo da emoção, e está, portanto, altamente sensível às forças do pensamento e da emoção. Calmamente e com autocontrole, nossos pensamentos devem ser dirigidos para ele, com amor, com bênçãos e votos de progresso interior nos mundos mais sutis. Somos ensinados na Teosofia a não enfatizar tanto a nossa grande perda quanto o ganho transcendental, que é ficar livre do corpo físico e de suas limitações *quando fica pronto o trabalho e não antes.* Eis então a resposta teosófica à pergunta: Estavam os agonizantes conscientes do processo de morrer?

Capítulo 3

PRIMEIROS ACONTECIMENTOS APÓS A MORTE

O despertar

Finda a revisão, segue-se geralmente um período de completa inconsciência que pode durar de trinta e seis a quarenta e oito horas, variando com o indivíduo. O despertar ocorre e o falecido, frequentemente ainda inconsciente do que aconteceu, olha ao seu redor. Em quase todos os casos algum amigo ou parente espera-o; ou, se não há ninguém para dar-lhe as boas-vindas, então algum membro do grande grupo dos auxiliares cujo trabalho é receber os recém-chegados, vai ter com ele. Tais auxiliares são membros de um grupo altamente treinado para esta função de dar assistência aos novos que chegam.[4] Com as boas-vindas, explicam a mudança, ajudam para que se estabeleçam tão confortavelmente quanto possível. Poucos, se é que alguém, nos tempos atuais, entram nesse mundo sem encontrar a mão estendida em boas-vindas e pronta a dar-lhes assistência nesses primeiros estágios. Eis a resposta teosófica à pergunta: "Como se ingressa na vida depois da morte?"

Não é uma terra estranha

Qual será a natureza dessa vida? Neste ponto vou dizer algo que talvez seja difícil de acreditar, mas como sei que é verdade e de grande importância, devo afirmá-lo. O mundo para o qual nossos amigos foram, e para o qual iremos, quando nosso tempo chegar, não é uma terra estranha; porque vamos lá todas as noites enquanto nosso corpo físico dorme. O sono foi com muita propriedade chamado o irmão gêmeo da morte. Podemos nos adiantar e chamá-lo do mesmo modo; porque, enquanto o corpo físico dorme,

[4] *Os Auxiliares Invisíveis,*C. W. Leadbeater. Editora Pensamento, São Paulo. (N.E.)

ficamos despertos no corpo que usaremos após a morte. Nossos sonhos são, em parte, memórias confusas de nossa vida nesse mundo, que trazemos de volta ao acordar, tais como, por exemplo, o movimento agradável, poético, flutuante pelo qual nos movemos, impelidos pelo pensamento, nos mundos superfísicos. Por isso, muito naturalmente, o mundo da vida após a morte resulta ser um lugar familiar. A diferença entre o sono e a morte está no fato de que, no sono, o "cordão prateado", que nos liga ao corpo, não é partido. Na morte, o cordão é partido, e como não temos mais laço com o corpo físico, não voltamos mais para ele.

O mundo superfísico e o estado de consciência em que se ingressa na morte consistem em duas divisões ou planos da natureza: o emocional ou astral, e o mental. O primeiro, o emocional, contém habitantes humanos e angélicos, cenário[5] e outras formas visíveis para o morto. O segundo, o mental, também tem seus próprios habitantes e fenômenos, mas a experiência daquele que partiu, enquanto vivendo aí, é mais subjetiva e individual.[6]

[5] *O Plano Astral,* C. W. Leadbeater. Editora Pensamento, São Paulo. (N.E.)

[6] *The Devachanic Plane (O Plano Devachânico),* C. W. Leadbeater. Theosophical Publishing House, Índia.

Influência do temperamento e do caráter

O princípio seguinte, que eu desejo adiantar, é que as condições nas quais uma pessoa se encontra depois da morte dependem grandemente de seu temperamento e da natureza da vida que levou no plano físico. Cada um de nós vê o mundo ao seu redor através das janelas de seu temperamento. O indivíduo amigável, alegre, desperta após a morte num mundo alegre, amigável; enquanto o centrado em si mesmo, pode acordar num mundo um tanto isolado, enfadonho e triste — não que esse mundo seja isolado, mas porque o indivíduo egocêntrico não consegue inspirar nem dar amizade. Felizmente, a dor, o enfado e o isolamento que tais pessoas criaram para si próprias, força-as a mudarem de atitude em relação à vida.

Capítulo 4

VÁRIAS ATIVIDADES DEPOIS DA MORTE

O cientista depois da morte

Passando agora das afirmativas gerais para as detalhadas, a pesquisa clarividente revela nos recém-chegados uma tendência a procurar, depois da morte, as formas sublimadas que mais o atraíram na Terra. Assim, o investigador científico, cujo ideal na Terra era a procura da verdade, verifica que pode seguir a verdade lá como o fez aqui. Ele verifica também que suas investigações são muito mais frutíferas porque, deixando o mundo de matéria mais densa, está consciente na substância mais sutil, e mais próximo do mundo das causas. É na consciência mais elevada e no mundo das causas que residem a verdade e a compreensão.

O falecido verifica que muitos dos fatores na estrutura da matéria e na evolução, que antes para ele eram ocultos, são agora objetivamente revelados. As leis e as forças sob as quais os átomos se combinam de certa maneira para formar as moléculas dos diversos elementos, o desenvolvimento do protoplasma para a célula e de uma simples célula para o homem — um grande mistério para o biólogo — estas coisas aí são compreendidas mais claramente, porque a operação da Mente Divina e Suas corporificações podem, por toda parte, ser observadas.

As forças circulantes das quais o mundo físico é um produto ilusório são visíveis como tal no mundo que se segue. Os grandes engenheiros do Logos, os Seres que fazem circular essas forças, operando e administrando os processos e as leis da Natureza — as Hostes Angélicas — podem ser vistas em operação, e o investigador científico encontra-se assim numa região em que seu trabalho é muito mais frutífero do que foi na Terra. Certamente, no mundo após a morte encontram-se grupos de cientistas reunidos por afinidade de temperamento, absortos em sua usual procura de conhecimento, equipados com laboratórios, observatórios e centros de pesquisas, e não somente investigando, mas também ensinando. Há aqui, é certo, uma continuação da instrução; educadores, como cientistas e outros trabalhadores especializados tendem a seguir suas próprias inclinações, empregando seu tempo em deslindar os problemas encontrados em seu trabalho, e na elevação dessa profissão ao mais alto estágio de perfeição possível na Terra. Às vezes ideias assim descobertas no mundo interior são captadas por mentes encarnadas aqui na Terra, pois há considerável ligação e intercâmbio de pensamento entre os habitantes dos dois mundos.

O artista e a procura da beleza

Analogamente, o artista, aquele para quem a beleza é a meta, verifica que nesse mundo sua procura pode ser levada a efeito, muito mais próxima de sua realização do que era possível no mundo da matéria física densa. Se ele é um pintor ou escultor, não mais necessita esforçar-se por reproduzir suas concepções nos pigmentos fracos da Terra, pois instantânea e automaticamente a matéria responsiva do mundo próximo toma a forma apropriada ao seu pensamento. Não apenas sua visão está objetivamente ante ele, mas também, para sua grande alegria, verifica que pode refiná-la e remodelá-la até ter atingido a perfeição relativa. Assim, porque os grupos são formados por afinidades de temperamento em vez de relacionamento racial ou familiar, ele se encontra mais chegado aos de sua espécie, um membro, provavelmente, de um dos muitos grupos de trabalhadores semelhantes, dedicados à procura da beleza, à descoberta de seus Eus Superiores por meio da beleza.

Música e formas musicais

Para o músico, também, o caminho está aberto a uma compreensão mais ampla e profunda de sua arte. A música tem, nos planos interiores, aspectos que normalmente pouco conhecemos aqui. O músico verifica, por exemplo, que o som não é tanto ouvido como visto. Se a música é observada pela clarividência parece produzir formas na substância brilhante e luminescente dos mundos interiores, sendo esta matéria viva e responsiva emitida em formas iridescentes pelo som e pela intenção da música[7]. Nos planos internos, também pode-se ouvir o verdadeiro Canto da

[7] Ver *Formas de Pensamento,* A. Besant e C. W. Leadbeater. Editora Pensamento, São Paulo. (N.E.)

Criação, a Palavra, sempre perfeita, que é o tema da grande Sinfonia da Criação.

Essa requintada sensibilidade da matéria dos mundos mais sutis a qualquer mudança de pensamento e sensação é uma das primeiras descobertas que o estudante faz quando seus olhos internos são abertos. Ele verifica, como acontece a todos que ingressam na morte, que o pensamento é uma força poderosa, potente para afetar a vida de outros, bem como um auxílio para si próprio, se ele a usar devidamente.

O altruísta

O reformador, o servidor, o curador, o médico, se ele pode ingressar nele, encontra um novo mundo que lhe está aberto. Se possui o verdadeiro espírito de curador, o médico verá que virão procurá-lo, em busca de auxílio, homens e mulheres com sentimentos torturados, gente que morreu com a consciência intranquila, deveres não cumpridos, visão obliquada, vícios não vencidos, complexos não resolvidos e outras perturbações psíquicas. Tais condições são lá fontes de dificuldades muito maiores do que aqui, pois é o mundo da emoção. Pessoas assim perturbadas necessitam grandemente dos serviços de um médico. Há, na verdade, uma grande hoste de trabalhadores que se dedica a esta função de sintonizar e harmonizar aqueles que necessitam.

Negócios deixados para trás

O homem de negócios, nos primeiros dias depois de sua passagem, tende a gravitar por força do hábito nos arredores de seu comércio; mas ele logo vê que não pode afetar seus colegas, os quais não respondem à sua presença ou ao seu pensamento. Eles nem mesmo o percebem. Felizmente, entretanto, os interesses mais amplos e a maior liberdade da nova vida, a sensibilidade e leveza do corpo que está usando, sua compreensão de que as principais razões dos negócios aqui não se aplicam nessa nova esfera e, consequentemente, não há como se ocupar nessa direção — todas essas coisas cedo afastam-no de suas preocupações físicas. A vida depois da morte pode, certamente, ser o começo de uma liberdade mais admirável, porque as fatigantes necessidades de negócios que, sem dúvida para nosso próprio bem, mantêm-nos atarefados aqui e tendem a acorrentar nossos pensamentos e emoções às coisas materiais, não mais existem.

O ramo da alimentação, por exemplo, embora uma das principais causas dos negócios e do esforço pessoal no plano físico, deixa de ter qualquer importância na vida após a morte, porque toda a nutrição de nossos corpos sutis é automaticamente tirada da atmosfera. Lá como aqui, o ar é carregado com a força vital de Deus, emanada através do Sol, e contém todo o necessário ao sustento nesse mundo. Todo o processo de sua absorção e assimilação é tão inconsciente como o respirar no plano físico. Consequentemente, o alimento não é uma fonte de atividade comercial.

A roupa é feita pelo pensamento. Posto que a matéria do próximo mundo responde instantaneamente ao pensamento, pensar-se vestido é ficar vestido. Como são encontradas pessoas vestidas de várias maneiras, conforme sua época ou Raça, a vestimenta mais conveniente, ao que parece, seria algo folgado, com decoração e cores mutáveis instantaneamente, de acordo com a vontade.

O transporte não depende do trabalho dos outros. Nos mundos superfísicos nos movemos impulsionados pelo pensamento. Pensar alguém num lugar é deslocar-se para esse lugar, rápido ou devagar, como queira, em movimento flutuante como se voando. Sonhos de corpos leves e facilmente suspensos, deslizando suavemente ou em velocidade pelo ar, são memórias frequentes do modo de progresso no mundo da vida depois da morte.

A habitação, a quarta das grandes fontes de negócios e de esforço humano no plano físico é também criada, no mundo vizinho, pelo pensamento. Lá, como aqui, as pessoas se reúnem em casas e cidades que são formas-pensamento. A privacidade é tão necessária na vida após a morte quanto na Terra, mas não um abrigo exigido pelo clima, pois as nossas condições climáticas adversas não se reproduzem lá.

Assim, a vida nesse mundo pode ser tão variada e fascinante quanto na Terra; na verdade ainda mais, pois não somente há uma quase infinita variedade de atividades a escolher, mas cada atividade pode ir mais longe e por mais tempo do que na Terra, onde certas necessidades prementes têm suas exigências. Nesse mundo há, por exemplo, centros para a infância e serviços para o recém-chegado e para aqueles que estão em necessidade, e também todas as atividades normais e de saúde mental de seres humanos procurando mais luz, alegria e maneira de ser útil nas linhas do conhecimento, do amor e da beleza.

Religião e vida religiosa

Há também, nesse mundo, centros religiosos, e entrar numa igreja nesse plano significa verificar que a religião eleva a adoração a alturas maiores do que as que conseguimos na Terra. Parcialmente isso se passa porque os objetos de adoração são visíveis, sendo construídos por pensamentos. No lado leste da igreja não haverá símbolos nem vitrais em tão grande número quanto imagens vivas, talvez dos Salvadores do mundo, ou dos Santos ou das Hostes Angélicas. Esses fantasmas criados pelo pensamento humano são usados como representações vivas nas quais seus grandes Originais derramam algo do Seu amor e consciência e os usam como canais para sua bênção e poder. Posto que tudo isso é aí visível para o adorador, os serviços religiosos evocam um fervor e uma intensidade de resposta raramente obtidos aqui e produzem uma crença religiosa fundamentada mais na experiência viva que na fé cega.

A vida nos mundos intermediários é transitória

Não há, entretanto, permanência em qualquer dessas condições e estados de consciência. Toda pessoa que morre de morte natural passa pelos mundos da emoção e da mente com velocidades variáveis, até que o centro de vida e de percepção, que estivera encarnado no corpo físico, seja retirado para sua fonte, que é o Ego no Corpo Causal. Há exceções, mas esta é a regra geral, e o tempo gasto no mundo astral após a morte depende muito do grau de espiritualidade ou materialismo no caráter e nos interesses do falecido. O ideal, naturalmente, é passar tão rapidamente quanto possível pelos mundos da emoção e do pensamento analítico para ingressar na beatitude da vida celestial e, mais tarde, na completa reabsorção no Eu Superior.

Tais são, abreviadamente, as respostas teosóficas às três questões:

Em que condições a Alma desperta depois da morte?

Há continuidade de personalidade, com memória, afeto, simpatia e interesses perduráveis?

Há nessa outra vida tempo, negócios, trabalho, pressão, ou a pessoa fica livre de tudo isso depois da morte?

Capítulo 5

ENCONTRO DAQUELES QUE SE AMAM

O próprio amor é imortal

Posto que a morte seja o destino certo de cada um e de todos nós, é inevitável que, muitas vezes, no decorrer de nossas vidas, cogitemos se o passamento significa a separação final, ou se de algum modo e em algum lugar nós e aqueles a quem amamos nos encontraremos outra vez. Que tem a Teosofia a dizer sobre este premente problema humano? Iremos nos encontrar outra vez ou a morte traz a extinção da identidade, e assim tem fim o relacionamento humano? A Teosofia responde: "Sim, seguramente, aqueles que se amam irão se encontrar". Nada – nem a morte, nem o renascimento – pode quebrar os laços do verdadeiro amor. O amor é imortal e é, além de tudo, a mais poderosa força do universo. O encontro é, portanto, assegurado de maneira absoluta a todos aqueles que verdadeiramente amam.

Tempo e lugar do encontro

Quando, onde e como encontramos novamente aqueles a quem amamos? A natureza é tão diversa e a vida humana tão complexa, que uma exposição sobre o assunto do encontro não pode ser dos mais simples. Enquanto a Teosofia ensina que o encontro é assegurado, isto não implica que sempre tenha lugar nos mundos intermediários ingressados diretamente depois da morte. O tempo é um fator a ser considerado. Se morrermos, poucos meses após a morte, iremos diretamente à presença do ser amado que nos precedeu. Se há um intervalo de vários anos e ele já se retirou para a condição de consciência celestial, até que chegue nosso tempo, decorrerá breve período sem ele e, então, é a nossa vez de ingressar no mundo celestial. Aí então teremos uma grande revelação. Veremos e saberemos que, mentalmente e em termos de sua consciência, estivemos com eles no céu em que ingressaram, pois o céu nunca poderia ser céu sem a presença daqueles a quem amamos.

Muitas moradas

Será esta uma ideia demasiadamente difícil de ser compreendida? Sei que este conceito teosófico de um céu individual, autocriado, no qual os encontros ocorrem, parece, de imediato, contrário à doutrina cristã, por exemplo. Peço-lhes, porém, não rejeitar demasiadamente rápido este conceito, pois é uma bela verdade e que, além do mais, não entra realmente em conflito com o Cristianismo original, uma vez que Nosso Senhor referiu-se a isto quando disse: "Na casa de meu Pai há muitas moradas". De maneira simples, pode-se dizer que quando aqueles a quem amamos morrem e entram em seu céu, seu pensamento e amor constroem para eles uma forma nossa que terão sempre presente ante seus olhos. Esta não é meramente uma forma pensamento, pois nós, em nossos Eus essenciais, como Inteligências espirituais, imediatamente usamos a assim chamada forma-pensamento como um veículo de comunhão e companheirismo. Quando morrermos, verificaremos que estivemos bem junto deles todo o tempo. Nós, por nossa vez, estaremos de maneira semelhante, sempre rodeados por aqueles a quem amamos. Cada um de nós tem, assim, seu próprio céu individual após a morte, onde, em perfeita bem-aventurança e paz, desfrutaremos do encontro com aqueles que verdadeiramente amamos.

Encontro na terra

Mas isso não é tudo. Como eu já disse, estamos certos de encontrar outra vez, fisicamente, aqueles a quem amamos. Isto é mais uma revelação consoladora da Teosofia a qual ensina que, depois da vida celestial, comumente durando muitos séculos terrestres de perfeita bem-aventurança, há uma volta à Terra. Verifica-se ser literalmente verdadeiro o ensinamento, baseado em investigações, de que o homem evolui através de vidas sucessivas na Terra. As Almas espirituais dos homens, é certo, renascem repetidamente em novos corpos. Em cada vida eles desenvolvem seus poderes naturais um pouco mais, desenvolvem faculdades adicionais, chegam a uma sabedoria mais profunda, a uma visão interior maior, a um amor mais nobre, e este processo culmina no atingimento da estatura do homem perfeito[8]. Nos contínuos renascimentos, nós que amamos profundamente

[8] Para exame mais completo desta doutrina, ver: *Reincarnation, Fact or Fallacy (Reencarnação, Fato ou Falácia)*, Geoffrey Hodson.

estamos seguros de novamente nos encontrar e de novamente nos amar. É certo que a camaradagem e o afeto desta vida, quando muito fortes, são quase seguramente continuação ou renovação dos mesmos apegos de vidas passadas.

Os pais que nos deram nossos novos corpos são frequentemente os seres amados do passado. Nossos irmãos e irmãs na família provavelmente estão ligados a nós por laços de encarnações anteriores. Nossos colegas e companheiros de trabalho, muitos de nossos concidadãos, agora trabalham conosco, são felizes e infelizes conosco, porque estabelecemos laços em vidas anteriores, e estas experiências passadas juntaram-nos mais uma vez na vida atual. Se chegarem à nossa vida uma ou mais pessoas especiais que nos despertem o mais profundo amor, cuja presença é uma alegria, cuja ausência é uma perda, podemos estar certos de que ocorreu um encontro no passado.

Amor, uma renovação de um antigo laço

Eis a razão da estranha relatividade e da extraordinária potência da experiência mencionada como "amor à primeira vista". Embora não sejam usualmente lembrados incidentes do passado — algumas vezes o são — o coração é enternecido pelo encontro, reconhece, acolhe e ama uma vez mais aqueles que muito tempo antes foram amados. Assim, a separação causada pela morte, que parece final, não o é realmente. A sentença da separação não é irrevogável. Ao contrário, o encontro é assegurado, tanto no céu, após a morte, quanto aqui na Terra, muitas e muitas vezes. Um dia, em virtude de nossas sucessivas vidas e de todas as múltiplas experiências, o propósito da existência humana será preenchido. A evolução nos conduzirá "ao estado de Homem Perfeito à medida da estatura da plenitude de Cristo" (Efésios IV. 13), como S. Paulo descreveu com tanta beleza o pináculo da realização humana, quando, é claro, a ilusão da morte já terá sido dissipada. Não haverá, então, mais partidas, porque viveremos na plenitude de nossa natureza imortal, espiritual.

Capítulo 6

SUICÍDIO

Motivos abnegados

Nos capítulos precedentes foram consideradas as condições normais de vida após a morte. Certos desvios do normal ocorrem em casos de suicídio e morte súbita e prematura. Pelo menos três variedades de experiências seguem o suicídio. Quando cometidos por motivos abnegados, depois de passado o choque, que geralmente acompanha a morte súbita, a pessoa se acomoda às novas condições descritas anteriormente. Nesses casos geralmente não há coma, e não há tempo para a pessoa se reajustar gradualmente às novas condições de vida.

Motivo de fuga

Aqueles que tomam suas vidas a fim de escapar de condições inaceitáveis podem mergulhar em inconsciência imediatamente ao deixar o corpo físico, e assim permanecer até o tempo da morte natural. Eles então despertam e se tornam sujeitos às leis e condições apropriadas. É este fato de despertar quando o termo natural da vida física teria chegado ao fim que sugere — fora dos acontecimentos anormais tais como suicídio — haver um tempo fixado para a morte natural de cada um de nós, dependendo parcialmente de nossa conduta.

Vítimas do desejo

A experiência daqueles que cometem o terceiro tipo de suicídio é menos invejável ainda. Grosseiros e sensuais, eles deram fim a sua existência física na plenitude da vida, levados pela paixão do medo. Seus desejos fortes os conservam amarrados à Terra. Eles podem ver a réplica em matéria sutil do plano físico e vivem num meio mundo — entre este e o seguinte. Levados por desejos e paixões que não podem satisfazer procuram, para seu alívio, entrar em lugares de permissividade sensual no plano físico e tentam unir sua consciência com a dos ébrios e sensuais que por aí vivem. Em tais circunstâncias, pessoas do plano físico sentem intensificação de seus desejos de modo que o relacionamento, mesmo que ignorem tal coisa, pode lhes ser tão prejudicial quanto para as almas amarradas à Terra que procuram satisfação através deles.

Suicídio, um erro profundo

O suicídio é sempre um erro. Temporariamente o suicídio resolve certos problemas, é verdade, mas também cria outros novos, pois afinal, todas as obrigações devem ser cumpridas e todos os débitos pagos, todas as dores devem ser vividas. "Não vos enganeis: de Deus não se zomba; pois aquilo que o homem semear, isso também ceifará". (Gal., VI. 7.) É mais sábio, portanto, aceitar e suportar as dificuldades, não importando quão penosas possam ser, do que perpetuá-las e intensificá-las tentando uma fuga e a complicação adicional do autoassassinato, cuja reação *kármica* pode adversamente afetar sucessivas encarnações.

Capítulo 7

PURGATÓRIO

Sofrimento autocriado

A pessoa que morre presa de um vício sofre muito após a morte física. Ela está então vivendo em seu corpo emocional e, consequentemente, sentindo seus desejos com uma intensidade que lhe era ainda desconhecida quando a matéria do corpo físico os reduzia ou os abafava. Sem meios de satisfação, o vício extingue-se nele, algumas vezes mediante sofrimento agudo.

Se existe o Inferno em algum lugar, então é nessa condição de ânsia forte e insatisfeita. Tal Inferno difere, porém, em quatro pontos do Inferno das religiões ortodoxas. Primeiro, não é um lugar; é um estado de consciência, bem como o é o Céu. Alguém pode estar em qualquer um deles, conforme a condição de sua consciência, onde quer que seu corpo esteja. Segundo, este sofrimento não é imposto como uma punição após um julgamento por uma autoridade externa; é autogerado, como é todo sofrimento e toda alegria. Ambos "colheitas" automáticas de "semeaduras" anteriores. Terceiro, o sofrimento causado por desejo insatisfeito não é permanente. Mesmo um pai humano não seria tão ilógico e cruel a ponto de condenar seu filho a uma punição eterna por um pecado cometido em passado distante. Ao contrário, o sofrimento *post-mortem,* resultante de vício não sobrepujado, dura somente o tempo da energia despendida em sua permissividade continuada. Quando isso se extingue, o homem fica livre e entra na vida normal *post-mortem.*

Lição aprendida e progresso feito

A última das diferenças entre a realidade e as ideias cristãs sobre o Inferno é que tal sofrimento não é, de modo algum, uma experiência inútil. Ao contrário, pode ser muito frutífera, pois ela fica fortemente impressa na consciência do sofredor, o suficiente para afetar a próxima encarnação física, na qual ele nascerá com repugnância ao vício que causa tanta dor. Sem dúvida é esta a razão de as condições imediatamente além-túmulo serem tomadas como purgatoriais.

Acidentes[9]

A morte súbita pode causar um choque temporário. Uma catástrofe pode causar pânico. O conhecimento dos erros cometidos na Terra e a voz da consciência podem torturar a mente. Pode haver um vício não neutralizado, obrigações não cumpridas, conflitos psicológicos e complexos não resolvidos, desejos profundos nunca satisfeitos, e estes podem causar e causam sofrimento temporário após a morte. Felizmente há auxílio disponível: auxiliares que recebem, confortam e guiam aqueles que necessitam, e eles encontram na vida depois da morte uma continuação e uma extensão dos serviços que prestavam, ou queriam prestar na Terra.

[9] Não se pode admitir acidentes no sentido usual da palavra. Todas as experiências do homem através do ciclo de vida, que consiste na descida ao nascimento, vida física, morte e ascensão ou retorno são autogeradas segundo a lei de causa e efeito. Não é aceita como possível a mais leve injustiça a qualquer ser humano. O homem é seu próprio legislador, o decretador de seu destino físico.

Capítulo 8

O SOLDADO DEPOIS DA MORTE

Morte em combate

Às vezes soldados que são mortos assumem a tarefa de ajudar os recém-chegados e, não raro no princípio, dão atendimento a seus próprios camaradas que vêm logo em seguida. Como já foi dito, no momento da morte normal, o falecido geralmente se empenha numa revisão de sua vida que se extingue. Na morte súbita, entretanto, não há, em muitos casos, nem revisão, nem pausa para descanso. Um instante apenas separa a consciência neste mundo da consciência no próximo.

Um membro das forças armadas, que se encontre elevado no ar, fica por isso apto, olhando para baixo, a ver seu corpo, assim como os restos do avião ou outro veículo que no momento estiver usando. Em consequência ele rapidamente compreende o que aconteceu e constata o fato fundamental de estar seu corpo morto, mas ele ainda estar vivo. Vê-se mais vivo que nunca, com mais vitalidade e desfrutando maior liberdade de vida e de movimento do que conhecia na Terra. A menos que algo muito dramático esteja ocorrendo ao seu redor, ocupam-no pensamentos da família, do lar, e, impelido pelo pensamento, é levado à presença daqueles a quem ama – seus parentes. Ele não pode evitar de lastimar o pesar que, sabe, sofrerão em breve.

Como acontece a quase todos os que morrem e pensam nos seres amados que ainda estão na Terra, ele deseja levar-lhes a certeza de que não existe a morte, que, apesar de o corpo ter morrido, ele ainda os ama, ainda os visita. Algumas vezes a força de seu pensamento permite que alguém o veja, ou saiba intuitivamente que ele deixou seu corpo e está presente em uma forma mais sutil. A lembrança, então, de seus camaradas e os hábitos da vida de soldado, geralmente o levam de volta à vizinhança de sua unidade militar. Aí encontra, saúda e é ajudado por seus camaradas que o precederam no mundo vizinho, vê outros mais recentemente chegados e, por sua vez, pode começar a ajudá-los como foi ajudado.

Certamente, muitos membros das forças armadas, mortos em combate, tendam a ser absorvidos pelo sistema altamente organizado de assistência aos camaradas feridos, agonizantes e mortos, que estão em plena operação em todas as guerras. Isso os ajuda enormemente e, assim, enquanto em serviço, crescem em conhecimento e poder, descobrindo e percebendo em funcionamento as leis e os processos da evolução humana para a estatura do homem perfeito.

Pronto renascimento, conservação dos mesmos corpos emocional e mental

Finalmente, o soldado morto em combate ou irá retirar-se para os reinos mais sutis, os superfísicos, como fazem naturalmente todos que deixaram seus corpos, ou pode renascer rapidamente, começando a vida física mais uma vez como uma criança, mas conservando sua personalidade adulta. As vantagens evolutivas deste pronto renascimento podem ser consideráveis e habilitá-lo a avançar mais rapidamente para seu objetivo espiritual. Conhecimento, faculdade, experiência, poderes adicionais e a oportunidade de satisfazer os desejos e as aspirações da vida precedente, que normalmente seria retardado até o próximo renascimento – estas são algumas das vantagens imediatamente adquiridas pelo soldado morto quando aceita o privilégio especial do renascimento imediato.

Memória instintiva

Em um caso interessante, entre os muitos conhecidos, durante a guerra, uma criança começou, quando ainda muito pequena, a marchar no jardim da família, tendo no ombro um bastão e dando ordens a tropas invisíveis! Nada no ambiente ou na experiência da criança na vida atual contribuiu para tal instinto. É quase certo que no corpo da criança estava um soldado recentemente morto e agora renascido[10]. Esses renascimentos imediatos frequentemente ocorrem na província e mesmo no ambiente do

[10] A memória instintiva que surge no raro caso da reencarnação chamada de imediata pode ser bastante clara e detalhada, devido ao fenômeno raro de terem sido conservados os corpos astral e mental da última encarnação (pela renúncia ao período celestial ou *Devachan*), e não terem sido substituídos por outros novos como é o caso normal. Normalmente, o período entre vidas tabelado por C. Jinarajadasa em *Fundamentos de Teosofia* (Ed. Teosófica), a partir das pesquisas de C.W. Leadbeater (vide *A Vida Interna* - Ed. Teosófica),variam de 4 a 2.300 anos (geralmente de 4 a 40 anos no plano astral ou "purgatorial"; seguido de zero a 2.300 anos no plano mental ou "celestial"), dependendo principalmente da duração da vida e do estágio evolutivo daquela alma.

qual saiu o soldado morto. A reunião e a renovação de laços de amizade na vida anterior não são, de modo algum, impossíveis, mesmo se ausentes a lembrança direta e o reconhecimento.

Coragem na perda

Antes de deixar este aspecto de nosso assunto, permito-me citar umas poucas linhas do livro de Lord Moran *The Anatomy of Courage* (*A Anatomia da Coragem*). Escrevendo sobre a morte prematura que pode vir a acontecer aos soldados, diz ele: "Entretanto é uma boa demonstração o fim no campo de batalha. Isso acontece a um homem em sua primavera, antes que a idade e a doença tenham maculado seu corpo e o tráfego das cidades manchado sua alma. Ele teve uma vida adulta breve entre os homens, conhecendo o que havia de melhor, e por aí passou incólume e não derrotado pela luta [diária, N.E.] insignificante de um mundo em paz".

O seguinte poema de Nigel Tangye, publicado em *"The Spetator"*, Londres, durante a Batalha da Bretanha, na Segunda Guerra Mundial, exemplifica uma atitude corajosa e ideal ante todos os desaparecimentos, e mais especialmente de um ser amado no campo de batalha:

"Segunda-feira, leio na primeira página do "The Times" uma notícia em memória dos mortos do 'Pamela', referindo-se brevemente à morte de Michael... R.A.F., na última quinta-feira, abaixo lia-se este monumento de fé:

'Um de nossos pilotos está salvo'."

Capítulo 9

A CRIANÇA APÓS A MORTE

Processo alternativo

A criança, após a morte, ou completa com muito menos percepção que os adultos o ciclo de vida normal através dos planos emocional e mental, de volta ao Ego, ou reencarna rapidamente. No primeiro caso, na segunda morte, como às vezes é chamada, o corpo emocional é posto de lado e a consciência funciona no corpo mental, encontrando aí felicidade e paz. Este estado corresponde aproximadamente ao Paraíso da ortodoxia. Nela a criança colhe, como todos os que completam o ciclo de nascimento e morte, os frutos das aspirações idealistas e espirituais, na medida do que lhe foi possível ter em sua idade. O corpo mental é posto então de lado e a consciência que fez a peregrinação é recolhida ao interior do Ego, enriquecida pelas experiências pelas quais passou.

Pais enlutados recebem outra vez seu filho

A reencarnação rápida parece ser uma regra geral, especialmente no caso de crianças que morreram em tenra idade. Um débito com a Natureza, contraído por uma transgressão em vida anterior, foi pago. O caminho está aberto para uma bem-sucedida volta à encarnação física, com todas as suas vantagens evolutivas, sendo conservados os mesmos corpos mental e emocional juvenis. Se a mãe está novamente grávida nos dois ou três anos próximos, o novo corpo da criança pode muito bem ser o veículo da que morreu. Algumas mães parecem saber instintivamente que a mesma Alma espiritual está de volta. Muitas garantiram-me isso, e do interesse e prazer ao notar que a aparência e as inclinações naturais da nova criança corroboravam esta suposição. A nova encarnação continua seu curso normal.

Encontro Garantido

Vemos assim que, embora nossos filhos mortos não voltem para nós, não os perdemos totalmente; eles estão conosco, como estão todos os seres amados que se foram, e que estão aqui e agora ao nosso redor, mas temporariamente fora de nossa visão. Mesmo que não os vejamos comumente, por causa da falta de visão necessária, eles não nos deixaram definitivamente, nem cessaram de existir. Se os amamos realmente, nosso Eu imortal é um com o deles para toda a eternidade e, quando dormimos, podemos ter sua companhia pessoal. Quando chegar a época de entrar nos mundos superiores, iremos encontrá-los novamente, e esse encontro é a realização da unidade indiscutível de todos os que verdadeiramente amam.

CAPÍTULO 10

COMO SE PREPARAR PARA A MORTE

O céu que nos espera

A gradual retirada dos mundos materiais em direção aos mais espirituais, que normalmente começa na morte, culmina no ingresso à perfeita felicidade e realização. Este estado de supremo contentamento é, certamente, um céu; pois aí todas as aspirações são satisfeitas, todo sentimento de amor inegoísta é expresso. No Céu, para o qual aquele que partiu se retirou nesta segunda fase da vida após a morte, a presença dos seres amados é percebida intimamente;

toda verdade, todo o amor e felicidade de que o falecido é capaz de experimentar, curam, soerguem e reorientam a Alma após sua estada essencial e proveitosa na Terra.

Nisto, também, percebemos o preciso funcionamento da lei de causa e efeito, pois todas as experiências após a morte são os efeitos das causas ativadas durante a vida terrena. Sua riqueza é também proporcional à profundidade de sentimentos, pensamentos e aspirações causadores. Por toda parte, aqui e lá, está a lei, a lei de causa e efeito que assegura justiça a todos os seres humanos. Uma vida física digna, bondosa e generosa é, portanto, a melhor preparação para a vida depois da morte.

Nada há a temer

O que temos a oferecer à morte? Certamente não é o medo, mas antes uma saudação de boas-vindas, quase como arrumar malas para um feriado após uma vida, na Terra, de experiências corajosas, mas essenciais e valiosas. Alguém escreveu sobre a aproximação da morte:

"A alma prepara-se para voar como fazem as andorinhas quando percebem a chegada da primavera."

Pode alguém fazer planos para sua vida depois da morte do corpo? Certamente que sim, pois, como eu acabei de dizer, a lei de causa e efeito age da vida no físico para a do superfísico. Cada um de nós, portanto, está contínua e diariamente preparando sua vida depois da morte com seus pensamentos, motivos, sentimentos, palavras e ações. Se vivemos dignamente, com beleza e altruísmo enquanto na Terra, asseguramos para nós a medida de felicidade posterior correspondente a tudo isso.

Não há morte

Verificamos, assim, que a morte física não é temível. Raramente há uma consciência individual da partida final do corpo. O corpo escapa como no sono, tranquila e pacificamente, sem dor. A morte para a maioria das pessoas é um ingresso numa vida mais livre, mais feliz. O nascimento não é o começo de uma existência humana. A morte não é seu fim. No nascimento somente o corpo nasce. Apenas o corpo morre na morte física. Nascimento e morte são incidentes recorrentes na longa série das vidas terrenas, por meio das quais ficamos aptos a conquistar a plenitude do conhecimento espiritual do nosso Eu verdadeiro, imortal ou, em outras palavras, o Adeptado. Para este Eu verdadeiro não há morte. Cada um de nós é um Filho imortal de Deus. A morte existe para os olhos que a observam e toca apenas o corpo físico, libertando-nos, em grande parte, do poder de cegar que tem a matéria. O corpo físico e a matéria do mundo físico frequentemente ocultam-nos as realidades espirituais que estão ao nosso redor e no nosso interior, como o véu do dia oculta-nos as eternamente brilhante estrelas.

Capítulo 11

AS SETE VESTES DA ALMA

A solução completa e individual do problema da sobrevivência consiste antes de tudo na experiência pessoal da imortalidade, de saber que a essência do Eu de alguém é independente da existência física, é distinta do seu invólucro físico temporário. Esta experiência está ao alcance daqueles que vivem na Terra. Pela pureza de vida e pela contemplação diária regular do Espírito interior, que é o verdadeiro Eu, o "Deus vivo", para quem o corpo é um templo, este mesmo Eu Interior pode ser descoberto e sua imortalidade conhecida diretamente. A literatura teosófica oferece um vasto acervo para a reflexão, o pensamento e a meditação sobre as mais altas verdades.

A maior chave mental para o problema da sobrevivência e as condições após a morte consiste no conhecimento dos sete corpos do homem. Estes são:

Corpo físico;

Duplo etérico;

Corpo emocional ou astral;

Corpo mental inferior, veículo do pensamento concreto;

Corpo mental superior, veículo do pensamento abstrato;

Veículo da intuição;

Veículo da vontade espiritual.

Os dois diagramas

Os dois diagramas, que estão nas páginas 70-71, parcialmente ilustram esta classificação. A figura 1 mostra os sete corpos do homem durante a vida, o triângulo apontando para cima representa a Tríade Espiritual, o Eu imortal do homem, e o triângulo apontado para baixo, a personalidade mortal. Os círculos em que ambos os triângulos estão inscritos referem-se à aura radiante do Eu Superior do homem.[11]

[11] Ver *A Sabedoria Antiga,* Annie Besant, Ed. Teosófica, Brasília, 2004; e *O Homem Visível e Invisível,* C. W. Leadbeater, Ed. Pensamento. São Paulo. (N.E.).

A figura 2 descreve as mudanças que ocorrem no momento da morte e mostra quão insignificantes são. O corpo físico e seu duplo etérico separam-se do resto da pessoa morta, que é então dotada apenas de cinco veículos de consciência. Os dois círculos representando as auras da personalidade e do Ego começam, então, a unir-se, indicando o processo que geralmente inicia na morte, na gradual retirada no Eu espiritual dos atributos mais elevados da alma pessoal.

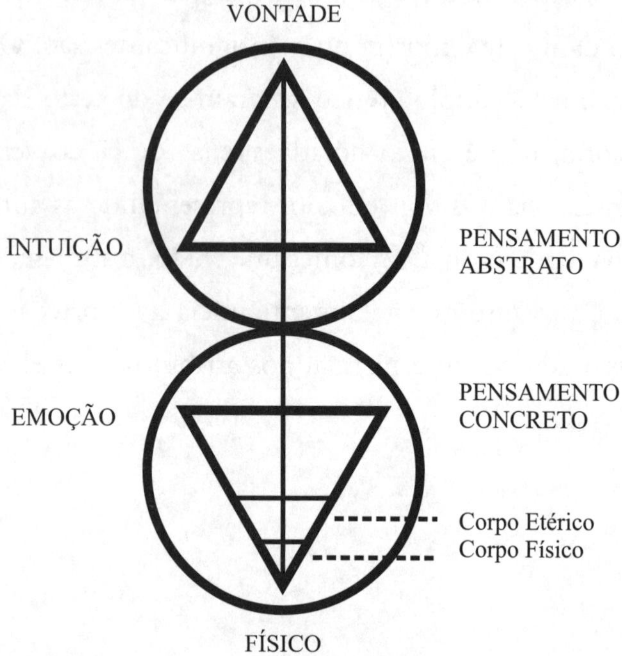

Fig. 1
Alma espiritual, alma humana e corpo físico do homem

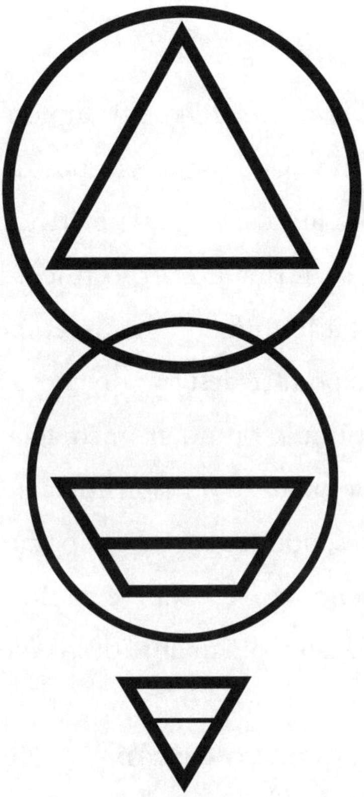

Fig.2

No momento da morte natural

A aparição

Na morte, o corpo físico e o duplo etérico, que são o invólucro da vitalidade física, são postos de lado e se desintegram quase juntos. O duplo etérico, através de todo o processo, toma a forma do corpo físico. Num enterro comum esta operação toma um certo tempo, durante o qual o duplo etérico pode se destacar do corpo físico e flutuar na superfície do túmulo ou no ar imediatamente acima. Esta é uma forma de aparição ou espírito da pessoa morta e, sob certas condições, pode se tornar temporariamente animado e mais claramente visível. Na cremação ambos os corpos, físico e etérico, são rapidamente destruídos.

A segunda morte e o cascão

O tríplice Eu Interior é então vestido pelos corpos da emoção e do pensamento concreto. Usando-os como veículos da consciência, com variados graus de percepção, a Alma passa através da fase intermediária astral da vida após a morte. Finalmente, o corpo emocional é posto de lado, naquilo que antigamente se chamava a segunda morte, e lentamente se desintegra. Sob certas circunstâncias, ele pode ser temporariamente animado, como sob o fluido magnético de um círculo espírita ou um médium espírita, espíritos da Natureza, pessoas mortas ou mágicos. Quando assim animado esse cascão pode exibir uma certa memória da vida física e algumas das características da personalidade física. Não pode, entretanto, gerar ideias, nem usualmente se comunicar através de médiuns com inteligência igual à que a pessoa possuía na Terra. Este corpo astral posto de lado não deve ser confundido com o verdadeiro Espírito do homem, o Morador no Interior Profundo, e não pode ser mencionado propriamente como "um espírito".

O ciclo completo

Quando o corpo físico é abandonado, o centro de consciência retira-se rápida ou lentamente, de acordo com a condição do morto, através do mundo intermediário ou astral, para gradualmente se estabelecer no corpo mental, o instrumento do pensamento concreto. Como foi dito antes, é então atingida lentamente a felicidade, a bem-aventurança de uma existência semelhante à do Céu. Este processo finalmente se encerra, e o corpo mental é, por sua vez, descartado e a consciência focalizada integralmente no *Augoei-*

des, o corpo de luz, o Corpo Causal, o veículo do intelecto. Estando assim completo o ciclo humano de aparecimento e retorno, usualmente se inicia um processo de reencarnação em um novo conjunto de veículos perecíveis.

O inferior destaca-se do superior

No processo de retirada do centro da autoconsciência do físico para o espiritual, gradualmente ocorre uma separação dos atributos espirituais da personalidade de seus instintos inferiores, impulsos e recordações. Como já foi dito anteriormente, as qualidades superiores são atraídas para o Eu Interior, e o restante inferior é descartado. O Ego Imortal, individualidade de Vontade, Sabedoria e Inteligência Abstrata existe então numa condição de beatitude que é chamada vida celestial ou uma vida como a do Céu, e que nas filosofias budista e hindu é chamada *Devachan*, ou "o lugar dos Deuses". A personalidade autoconsciente do morto como era na Terra, com seus sentimentos superiores, aspirações, afetos e mesmo predileções, ou antes a essência mais elevada de tudo isso, entra no *Devachan*. Os sentimentos mais sensuais, os desejos e as tendências da personalidade morta não podem experimentar o *Deva-*

chan. Eles serão deixados para trás flutuando na atmosfera da Terra com seu veículo, o corpo astral e, à medida que este se desintegra, seus elementos vão voltando às fontes de onde foram tirados para formar o corpo.

O homem mortal e imortal

A Teosofia ensina que o homem é um setenário durante a vida, um quinário[12] imediatamente após a morte e, mais tarde, um quaternário, uma tríade no *Devachan*. O princípio da individualidade na natureza do homem imortal, espiritual, é centrada no veículo do Intelecto Abstrato, uma veste no nível da Sabedoria Espiritual e da Vontade Espiritual. Assim, a individualidade interna é uma tríade, uma Deidade trina, dotada das faculdades de Vontade, Sabedoria e Inteligência e este, o princípio animador, é ligado durante a encarnação aos quatro corpos pelo *Sutrātma* ou o fio da vida, "o fio prateado".

Um poder e uma vida

Apesar desta classificação setenária dos princípios ou

[12] No original: "*quintad*". (N.E.)

corpos do homem, cumpre lembrar que são todas manifestações de uma Entidade espiritual, divina e humana. Após a morte os atributos e princípios puramente humanos são descartados, enquanto sobrevive a porção da Essência divina do princípio do mental superior, a qual permanece imaculada. Esta, unida à Sabedoria espiritual e à Vontade espiritual do Ego, constitui o Eu Imortal do homem, que é imune à morte e evolui para o Adeptado em virtude das vidas sucessivas na Terra.

Um Instrutor Adepto descreveu o processo ou a revisão da vida física que ocorre na morte do corpo com estas palavras: "No último momento, toda a vida é refletida em nossa memória e emerge em todos os ângulos e detalhes, imagem após imagem, um acontecimento depois do outro. O cérebro moribundo expele a memória com um forte impulso supremo, e a memória devolve fielmente cada impressão confiada a ela durante o período da atividade cerebral. A impressão – e o pensamento – que foi mais forte naturalmente se torna a mais vívida e sobrevive, digamos, a todo o resto que agora se desvanece e desaparece para sempre, para reaparecer apenas no *Devachan*. Nenhum homem morre insano ou inconsciente – ao contrário do que dizem alguns fisiólogos. Mesmo um *louco*, ou alguém que esteja sob um ataque de *delirium tremens* terá seu instante de perfeita lucidez no momento da morte, embora seja incapaz de dizer isso aos presentes. O homem pode frequentemente parecer morto. No entanto desde a última pulsação, entre a última batida do seu coração e o momento em que a última fagulha de calor animal deixa o corpo – *o cérebro pensa e o Ego revive* de novo naqueles poucos e breves segundos toda a sua vida. Que falem em sussurros vocês que assistem a um leito de morte e se encontram na presença solene da Morte. Devem permanecer quietos especialmente logo após a Morte colocar sua mão fria e úmida sobre o corpo. Falem em sussurros, digo, para que não perturbem a calma vibração do pensamento, prejudicando o trabalho ativo do Passado que lança seu reflexo sobre o Véu do Futuro."[13]

Madame Blavatsky descreve a morte e este processo *post-mortem* como segue:

"Quando o homem morre, seus três princípios inferiores – o corpo, a vida [ou vitalidade, N.E.] e o veículo [da vitalidade, N.E.], o corpo astral[14] ou duplo

[13] *Cartas dos Mahatmas para A.P. Sinnett.* Vol. II, Editora Teosófica, Brasília, 2011, pp.139-140. (N.E.)

[14] A literatura teosófica mais recente utiliza o termo "corpo astral" para o veículo da consciência que se manifesta no plano astral ou emocional, para onde seguem imediatamente os que morreram, mas a Sra. Blavatsky ainda não utilizava esta terminologia, e denominava o "veículo da vitalidade" (*linga sharira* ou *prānamaya-kosha,* como os orientais o chamam), às vezes, de "corpo astral ou duplo astral". Mais tarde, Annie Besant e C. W. Leadbeater preferiram chamá-lo de "duplo etérico" para ficar mais claro e coerente com a terminologia dos planos ou *Lokas*. Maiores detalhes podem ser esclarecidos por Lindemann & Oliveira no diagrama da p. 41

do homem *vivente* – deixam-no para sempre. E então, seus quatro princípios – o princípio central ou do meio, a alma animal ou *kama-rupa* juntamente com aquilo que assimilou de *Manas* inferior, e a tríade superior – acham-se no *kama-loka*. Este último é uma localidade astral, o limbo da teologia escolástica, o *Hades* dos antigos e, estritamente falando, uma *localidade* apenas em um sentido relativo. Ele nem tem uma área nem limites definidos, mas existe *dentro* do espaço subjetivo, isto é, está além das nossas percepções sensoriais. Ainda assim existe, e é lá que os *eidolons* astrais de todos os seres que viveram, animais inclusive, esperam por sua *segunda morte*. Para os animais, esta vem com a desintegração e o completo desaparecimento até da última de suas partículas *astrais*. Para o *eidolon* humano, ela começa quando a tríade *Ātma-Buddhi-Manas* "separa-se", como se diz, de seus princípios inferiores, ou do reflexo de sua ex-personalidade, caindo no estado "*devachânico*". ... Depois disso o fantasma *kama-rúpico* entra em colapso, pois é despojado do princípio pensante que lhe dá forma, *Manas* superior, e porque o aspecto inferior deste – a inteligência animal – não mais recebe luz da mente superior, e não mais possui um cérebro físico através do qual possa atuar.[15]

comentado na p. 47 de *A Tradição-Sabedoria* (Ed. Teosófica). (N.E.)

[15] *A Chave para a Teosofia*, H. P. Blavatsky, Editora Teosófica, Brasília, 4ª ed., 2011, pp. 130-131. (N.E.)

Capítulo 12

FILÓSOFOS E POETAS E A VIDA DEPOIS DA MORTE

"O Luto", escreve Dean Inge, "é a mais profunda iniciação nos mistérios da vida humana, uma iniciação mais penetrante e profunda do que até mesmo um amor feliz. O amor lembrado e consagrado pela dor pertence mais nitidamente ao mundo eterno do que o relacionamento feliz da amizade. Ele é mais forte que a morte".

"Thomas Browne combina a observação prática do

médico com a compreensão visionária do místico, em sua exposição sobre a beleza misteriosa da morte como ele a considerou no caso de um de seus pacientes. Com a profunda impressão daí advinda ele ainda, como diz Pater em *Appreciations (Apreciações)*, surpreende seu leitor e o emociona. Como a morte foi lenta, ele pôde notar a espiritualização da estrutura corpórea e, simultaneamente, observar o espírito no próprio ato, por assim dizer, mudando sua veste material, incluindo no processo um novo e admirável tipo de graça. O futuro infinito invadiu essa vida de maneira perceptiva aos sentidos, como o oceano é percebido longe na Terra pela elevação da água do rio".[16]

"Somente dos mortos, diz Maeterlinck, deveria-se pintar retratos, porque somente eles são verdadeiramente eles próprios e, por um instante, aparecem como são". Em outra parte ele cita um pensamento de Lavater: "A morte não apenas embeleza nossa forma inanimada; mais que isso, o simples pensamento da morte dá uma forma bela à própria vida".

"A morte não o eliminou. Ele fez da morte sua escada para os céus".

Spencer

[16] *The Poetry and Beauty of Death* (*A Poesia e a Beleza da Morte*), Rev. Arthur E. Massey.

"Não posso dizer, nem direi, que ele está morto. Simplesmente se afastou! Com um alegre sorriso e um aceno de mão desapareceu na terra desconhecida, e deixa-nos cogitando quanto lhe será necessário demorar-se lá. E vós, que tendes saudade dos velhos tempos e desejais seu alegre retorno, pensai nele, como viajando, tão querido lá quanto o era aqui, e tão leal como quando deu os golpes com sua força de guerreiro nos inimigos de sua pátria! Suave e gentil, tanto quanto bravo, quando deu o mais doce amor de sua vida a coisas pequenas. Pensai nele como sendo o mesmo, ele não está morto, mas apenas afastado".

James Whitcomb Riley

"A morte nada mais é que um grande beijo de afeto... Quando um ser humano deixa esta vida terrena é Deus que o toma em Seus braços, beija-o e leva-o da Terra para uma esfera de bem-aventurança e de mais luz".

R. P. Downes

"A morte é a cessação da impressão dos sentidos, da tirania das paixões, dos erros da mente, e da servidão do corpo".

Antoninus

"Quem sabe se aquilo que é chamado morte não é a vida, e a vida apenas o morrer?"

Eurípides

"A morte está para a vida como a partida está para a chegada. Depois de florescer por um tempo, tudo morre até sua própria raiz; esta volta à origem é chamada Paz".

Uma antiga escritura chinesa

A prece de um soldado

(Este poema anônimo foi escrito durante a Segunda Guerra Mundial por um soldado do Oitavo Exército Inglês numa tira de papel que, voando, caiu nas mãos de outro soldado abrigado numa longa e estreita trincheira, durante a batalha de El Agheil, África do Norte.)

"Deus ficai comigo. A noite está escura, a noite está fria; minha pequena centelha de coragem morre. A noite é longa; Deus, ficai comigo; e fazei-me forte.

Gosto de um jogo. Gosto de uma luta. Detesto a escuridão; gosto da luz. Tenho amor ao meu filho e à minha mulher. Não sou covarde. Gosto da vida.

A vida com sua variação de humor e de colorido. Quero viver. Não tenho medo. Mas ao 'eu' e ao 'meu' é difícil renunciar; oh, Deus desconhecido, erguei meu coração.

Aquietastes as águas de Dunquerque e salvastes Vossos Servos. Todo o Vosso trabalho é admirável, meu Deus. Abristes ante nós essa terrível estrada.

Estávamos sós e sem esperança; amávamos nossa pátria e nossos mortos e não poderíamos envergonhá-los; mantivemos o avanço, e não tínhamos muito medo.

Meu Deus, o pesadelo daquela estrada! E aquele Mar! Conseguimos... éramos homens. Meus olhos estavam cegos, meus pés estavam feridos, minha alma cantava como um pássaro ao amanhecer!

Sei que a morte é apenas uma porta. Eu sabia para que lutávamos: paz para nossos filhos, liberdade para nossos irmãos, um mundo mais acolhedor, uma raça mais pura.

Sou apenas o filho que minha mãe gerou, um homem simples e nada mais. Mas – oh, Deus da força e da bondade, não deixeis que eu seja nada menos que isso.

Ajudai-me, meu Deus, quando a Morte se aproximar, a desdenhar a face do medo, e quando eu tombar – se tombar eu devo – que minha alma triunfe do Pó."

Uma aventura

"Que aventura será o morrer, quando o céu tenebroso se rasga como a pétala de uma rosa aberta para mostrar em seu âmago o Coração Dourado da Beleza!

Que aventura divina explorar o Vale das Sombras, onde silencia o ruído do rio vermelho da Vida, e as trevas sufocam-nos, tornamo-nos cegos e entorpecidos, sem nervos e frios, sentindo esfalecer o corpo que nos é tão conhecido e querido... uma veste fora de uso... abandonada pelo espírito peça a peça!

Que aventura será morrer, e num momento mágico de um suspiro passar da noite para o dia. Despertar de um sono e verificar que os olhos não mais estão cegos; e a Mente imortal emancipada e ágil, qual uma espada desembainhada, brilhante, nua e flamejante na amplitude dos ares!"

Robert Campbell Macfie

A morte não existe

"Alguém disse: É a Morte.

E eu, um tanto atemorizado, deslizei pela noite e olhei.

Ora! Nenhum semblante espectral, apenas uma face serena e doce, doce face materna, tranquila, brilhante de ternura e graça.

Não és a Morte, exclamei, pois a suprema fantasia da vida nunca me fizera imaginar a morte assim; não é a Morte, o Fim?

Em tons carinhosos veio a resposta:

'Amigo, a Morte não existe! Eu sou o Começo, não o Fim!'"

John Oxenham

A fonte do conhecimento teosófico

"*A Doutrina Secreta*[17] é a Sabedoria acumulada das Idades e sua cosmogonia sozinha é o mais estupendo e elaborado de todos os sistemas... os fatos que verdadeiramente ocuparam incontáveis gerações de videntes e profetas iniciados a reunir, organizar e explicar..., tudo relatado em poucas páginas de sinais geométricos e hieróglifos. A visão desses clarividentes penetrou no próprio âmago das coisas e aí registrou a alma das coisas, onde um observador profano, embora culto, teria percebido apenas o trabalho externo da forma... *A Doutrina Secreta* é um relato sem interrupção, abrangendo milhares de gerações de videntes, cujas experiências foram feitas para testar e verificar as tradições, passadas oralmente de uma raça

[17] *A Doutrina Secreta,* H. P. Blavatsky, Vol. I – Editora Pensamento, São Paulo. (N.E.) Ver também: *A Yoga of Light*, (*Yoga da Luz*), Geoffrey Hodson.

para outra, das instruções dos Seres mais elevados e excelsos, que vigiaram a infância da Humanidade... Fizeram isso conferindo, testando e verificando em todos os departamentos da Natureza, as antigas tradições, pelas visões independentes dos grandes Adeptos, isto é, homens que desenvolveram e aperfeiçoaram seus veículos físico, mental, psíquico e espiritual ao maior grau possível. Nenhuma visão de um Adepto foi aceita até que fosse conferida e confirmada por visões de outros Adeptos e por séculos de experiência, para ficarem como evidência independente.

Um método de meditação

Preparação

Corpo distendido.

Emoções harmonizadas.

Mente alerta e plena de vontade. Centro de conscientização estabelecido no Eu Superior, Alma Espiritual, Ego Imortal.

Dissociação

Mentalmente afirme e compreenda:

Não sou o Corpo Físico.

Sou o Eu Espiritual.

Não sou as Emoções.

Sou o Eu Espiritual.

Não sou a Mente.

Sou o Eu Espiritual.

Meditação

Sou o Eu Divino (Pense na Mônada)

Imortal.

Eterno.

Radiante de Luz Espiritual.

Sou esse Eu de Luz, esse Eu sou Eu.

O Eu em mim, o *Ātma*[18] é uno com o Eu no Todo, o *Paramātma.*[19]

Sou esse Eu em tudo; esse Eu sou Eu.

Ātma e *Paramātma* são um.

Sou ISSO. ISSO sou eu.

Encerramento

Traga o centro de consciência:

---

[18] *Ātmā*, em sânscrito: é a Essência Espiritual do Homem.

[17] *Paramātmā*, em sânscrito: é a Essência Espiritual do Universo, a Inteligência que o preside, o Logos Solar, Nosso Senhor o Sol.

Para a mente formal, iluminada e responsiva à intuição.

Para as emoções irradiadas pela Luz Espiritual.

Para o corpo, fortalecido pela Vontade Espiritual, interiormente vitalizado com as forças refeitas para o dia inteiro, lembrando-se da Presença Divina no coração, o Governante Interior Imortal, sediado no coração de todos os seres.

Distenda a mente e permita que o efeito revigorante da meditação se estenda aos estudos e à vida de todo o dia.

Teosofia e a Sociedade Teosófica

A palavra Teosofia, derivada de duas palavras gregas significando Sabedoria Divina, foi criada pelos neoplatônicos no 2º século da era cristã para designar as verdades reveladas ao homem por seus Mais Velhos na evolução, ao despertar a vida humana neste planeta, e transmitidas, conferidas e reconferidas até os dias de hoje por uma sucessão ininterrupta de investigadores ocultos, de Adeptos[20].

[20] *Adepto* Um Iniciado do 5º Grau; um Mestre na Ciência da Filosofia Esotérica; um Homem perfeito; um Ser sublime que atingiu o mestrado da natureza humana e possui conhecimento e poder proporcionais à sua elevada estatura evolutiva. Esta realização do destino humano foi assim descrita por S. Paulo: "Até que todos cheguemos à unidade da fé e do pleno conhecimento do Filho de Deus, à perfeita varonilidade, à medida da estatura da plenitude de Cristo (Efésios, IV. 13). Certos Adeptos permanecem na Terra para ajudar a humanidade e são mencionados por S. Paulo como "espírito dos justos aperfeiçoados". (Hebreus, XII. 23). O Senhor Cristo do mesmo modo descreveu o destino do homem em Suas palavras: "Portanto, sede vós perfeitos como perfeito é vosso Pai celeste. (Mat. V, 48).

Os frutos desse processo dual foram preservados pelos ainda vivos Hierofantes e Iniciados dos Mistérios Maiores e transmitidos exclusivamente a neófitos juramentados. Em seu aspecto doutrinário, estes Mistérios consistem de um vasto corpo de ensinamentos que abrangem todos os assuntos concebíveis para os quais possa se voltar a mente do homem.

Os princípios fundamentais de religião, filosofia, arte, ciência e política estão todos contidos nesta Sabedoria das Idades, desde o tempo do fechamento das Escolas Platônica e Gnóstica até o último quarto do século XIX, salvo para os poucos alquimistas, cabalistas, rosacrucianos, maçons conhecedores do Ocultismo e místicos cristãos, a Teosofia era desconhecida no mundo Ocidental. Antes, porém, era conhecida e estudada, sob várias formas, pelos platônicos, pitagóricos, egípcios e caldeus, enquanto que na Índia e China foi preservada através das idades em continuidade ininterrupta. É a sabedoria dos *Upanishades* e dos *Vedas*, o próprio âmago do Hinduísmo, Taoísmo e Islamismo. Por meio de alegorias e símbolos ela é revelada nas Escrituras Cristãs, cuja leitura não interpretada iludiu os cristãos quanto ao seu significado mais profundo.

A Sociedade Teosófica, fundada em Nova Iorque, em 1875, uma reencarnação de inúmeros movimentos semelhantes no passado, é um dos muitos canais escolhidos de tempos em tempos pelos Instrutores da Raça para a transmissão dessa Sabedoria Antiga para o homem. Aos teosofistas é oferecida a oportunidade de estudar, viver e apresentar as verdades multisseculares ao mundo em termos de pensamento moderno. Embora as apresentações possam variar, a Teosofia, ela mesma, sendo totalmente verdadeira, é imutável e eterna.

O estudo comparado das religiões revela a existência de certas doutrinas comuns a todas as crenças mundiais. Embora cada uma seja apresentada de maneira diferente, quando reunidos e fundidas num conjunto, esses ensinamentos constituem um corpo básico da Verdade revelada, que pode ser estudado independentemente de todos os sistemas religiosos. Cada religião mundial revela um arco de círculo da Sabedoria Eterna. A Teosofia, embora ainda só parcialmente revelada ao homem, é o círculo completo da Verdade. Através das idades, sob a direção Daqueles que são os Guardiães do conhecimento e de sua força acompanhante, os aspectos da Sabedoria Eterna são revelados ao homem por intermédio das religiões e das filosofias.

O grande valor prático da Teosofia consiste em sua revelação do significado e propósito da existência humana, que sem isso seria um quebra-cabeça desafiando solução. Um quebra-cabeça pode ser resolvido por dois métodos. Um é por tentativas, experimentando as muitas peças na esperança de que acabarão por se ajustarem corretamente. Este é um método lento e insatisfatório, principalmente quando se faz a tentativa de resolver os problemas da vida. O outro método, muito mais satisfatório, é baseado no pré-conhecimento da posição das várias peças no desenho completo. A Teosofia fornece este conhecimento, revela o lugar de cada peça no plano evolutivo de todos os indivíduos e de todos os acontecimentos.

A vida parece um tanto com uma peça de tapeçaria. Do avesso pouco se pode ver, salvo um incompreensível emaranhado, nós, cores mal misturadas e uma confusão geral. O exame do lado correto, entretanto, revela o conjunto, mostra que a confusão é apenas aparente, pois toda a justaposição é essencial no acabamento do desenho. Assim também é a aparente confusão nas vidas dos indivíduos e das nações. A Teosofia revela o plano da vida, daí trazer serenidade mental àqueles que a estudam, tornando-lhes a vida inteligente e significativa.

É bom que o estudante de Teosofia reconheça que a mente humana, sendo finita não pode compreender por completo a Verdade abstrata que é infinita. À medida que o intelecto humano se desenvolve, cresce o poder de compreensão do homem. A Verdade parece mudar, como acontece à forma de uma montanha quando aos poucos é aproximada e olhada de diferentes pontos de vista. A própria montanha é entretanto relativamente imutável; assim também é a Verdade eterna. Sendo a Teosofia a Verdade total, não é possível uma afirmativa teosófica final. Nenhum instrutor teosófico pode legitimamente fazer pronunciamentos como autoridade. Portanto, na Sociedade Teosófica, a opinião é livre, salvo, talvez, no concernente à fraternidade dos homens, que tende a ser encarada como um fato a ser reconhecido na Natureza e não como um dogma obrigatório. Com esta exceção nenhuma expressão teosófica é imposta a outrem e nenhuma afirmativa é encarada como representando a Verdade final. A Sociedade Teosófica é oficialmente descrita como sendo composta de estudantes, pertencentes a qualquer religião no mundo ou a nenhuma, unidos por sua aprovação dos Objetivos da Sociedade, pelo seu desejo de remover antagonismos religiosos e reunir homens de boa vontade, quaisquer que sejam suas opiniões religiosas, e pelo desejo de estudar verdades religiosas e partilhar os resultados de seus estudos com outros. Seu laço de união não é a profissão de uma crença comum, mas de uma procura e aspiração da Verdade que lhes é comum. Eles afirmam que a Verdade deve ser procurada pelo estudo, pela reflexão, pela pureza de vida, pela devoção aos ideais elevados, e encaram a Verdade como um prêmio que se almeja e não como um dogma a ser imposto pela autoridade. Eles consideram que a crença deve resultar do estudo ou da intuição individual, e não seu antecedente, e deve repousar em conhecimento, não em afirmativa. Eles estendem a tolerância a todos, mesmos aos intolerantes, não como um privilégio concedido, mas como um dever que cumprem, e procuram remover a ignorância e não puni-la. Veem todas as religiões como uma expressão da Sabedoria Divina e preferem seu estudo à sua condenação e sua prática ao seu proselitismo. Paz é sua senha, como a Verdade é seu objetivo.

"A Teosofia é o corpo de verdades que forma a base de todas as religiões, e que não pode ser tido como posse exclusiva de alguém. A Teosofia oferece uma filosofia que torna a vida inteligível e que demonstra a justiça e o amor que guia sua evolução. Ela põe a morte em seu lugar apropriado como um incidente que se repete numa vida sem fim, abrindo o portão para uma existência mais completa e mais radiante. Ela restitui para o mundo a Ciência do Espírito, ensinando ao homem a reconhecer o Espírito como ele próprio e a mente e o corpo como seus servos. Ela ilumina as escrituras e as doutrinas das religiões pela revelação de seus significados ocultos e assim justificando-as ante a inteligência, como sempre o fez ante a visão da intuição".

Em 23 de dezembro de 1924, o Conselho Geral da Sociedade Teosófica aprovou a seguinte resolução afirmando a liberdade de pensamento dentro da Sociedade:

"Uma vez que a Sociedade Teosófica se espalhou por todo o mundo civilizado e tem em seus quadros membros de todas as religiões, os quais não renunciaram aos dogmas peculiares e ensinamentos de suas respectivas crenças, conclui-se ser desejável acentuar-se o fato de que não há nenhuma doutrina ou opinião, ensinada ou sustentada por quem quer que seja, à qual, por qualquer forma, fique o membro da Sociedade Teosófica obrigado a seguir, e nenhuma que o membro não tenha a liberdade de aceitar ou recusar.

A aceitação dos três objetivos é a única condição para tornar-se membro da Sociedade.

Nenhum instrutor ou escritor, seja H. P. Blavatsky, ou de menor hierarquia, tem qualquer autoridade para impor seus ensinamentos ou opiniões aos membros.

Cada membro tem igual direito de aceitar qualquer escola de pensamento de sua preferência, mas não tem o direito de forçar a sua escolha a qualquer outro membro.

A nenhum membro pode ser negado o direito de votar e o de ser candidato aos cargos oficiais, por causa das opiniões que mantenha ou da escola de pensamento a que pertença, pois as opiniões ou crenças não conferem privilégios nem acarretam penalidades.

Os membros do Conselho Geral rogam encarecidamente a todos os membros da Sociedade Teosófica que sustentem, defendam e atuem de acordo com estes princípios fundamentais da Sociedade, e também exerçam valorosamente seu direito de pensamento e exposição do mesmo, dentro dos limites da consideração e cortesia com os demais". [21]

Apesar desta completa ausência de dogmatismo, que deve ser a característica de todas as exposições de Teosofia, existe um corpo geral de ensinamentos, uma síntese das doutrinas comuns das filosofias e religiões mundiais, antigas e modernas, que na prática são geralmente aceitas *enquanto se mostrarem verdadeiras.* À parte do desenvolvimento e uso dos poderes supersensoriais como um meio de pesquisa,

[21] Transcrito de "O Teosofista".

este constitui um teste que cada estudante pode aplicar a todos os ensinamentos teosóficos: *parecem ser verdadeiros?* Se é possível uma resposta afirmativa, eles podem ser aceitos como hipótese de trabalho até que um conhecimento mais completo aceite-os ou rejeite-os. Se uma afirmativa não parecer verdadeira, três são os caminhos abertos ao estudante: rejeitar, ignorar ou responder o julgamento até que, por um autotreinamento, ele desenvolva a capacidade de descobrir os fatos por si mesmo. O último destes três caminhos parece ser o mais desejável. Assim, a atitude da mente sob a qual a Teosofia deve ser estudada é a do cientista – a aceitação de uma teoria bem fundamentada como hipótese de trabalho até que seja aceita, rejeitada ou suspensa.

Os escritos da Sra. H. P. Blavatsky constituem a primeira fonte da informação teosófica na literatura moderna. Embora julgada como charlatã por aqueles que não investigaram sua vida nem compreenderam seu trabalho literário, esta eminente senhora é reverenciada por dezenas de milhares de estudantes de Teosofia como a portadora da luz para o mundo moderno. Eles acreditam que ela tenha sido escolhida para essa missão pelos Sábios[22] que foram os Guardiães e Reveladores da Teosofia ao homem através das

[22] *The Master* (*O Mestre*), A. Besant.

idades. Esses Adeptos usaram a Sra. Blavatsky como uma escrivã e, com seu auxílio, deram a Teosofia ao mundo de nosso tempo. Dois métodos principais foram empregados. Um consistiu de plena consciência clarividente e telepatia mental em que fora treinada por Eles. O outro método foi o da precipitação oculta de cartas escritas por Eles ou de discípulos sob Sua direção.

Pelo primeiro método, a Sra. Blavatsky produziu seus dois grandes trabalhos, *Ísis Sem Véu* e *A Doutrina Secreta* – cada trabalho uma fonte quase inesgotável de sabedoria e conhecimento esotéricos. Pelo segundo método, o Sr. A. P. Sinnet, na época (1880) editor do conceituado jornal da Índia, *The Pioneer*, obteve material para seus livros: *O Mundo Oculto* [Ed. Teosófica - N.E.], *Esoteric Buddhism* (Budismo Esotérico) e *The Growth of the Soul* (Progresso da Alma). Estes autores foram seguidos por muitos outros, notavelmente a Dra. Annie Besant e o Bispo C. W. Leadbeater; ambos receberam dos Sábios, em aditamento às instruções diretas, treinamento para desenvolver poderes ocultos como um meio de pesquisa. É imensa sua subsequente contribuição ao conhecimento humano.

O Dr. G. S. Arundale e o Sr. C. Jinarajadasa, antigo Presidente, e o Sr. N. Sri Ram, o quinto Presidente da Sociedade Teosófica[23] , todos altamente respeitados dirigentes teosóficos, instrutores e escritores, trouxeram sua própria e valiosa contribuição. O Sr. Jinarajadasa coletou e publicou muitas das cartas dos Sábios ao Sr. Sinnett e outros, em três volumes intitulados *Cartas dos Mestres de Sabedoria*[24] e *The K. H. Letters to C. W. Leadbeater (Cartas de K. H. a C. W. Leadbeater).* O leitor interessado pode encontrar nessas fontes a base para a maioria das afirmativas feitas neste livro.

Geoffrey Hodson

[23] Todos já falecidos. Hoje preside a Sociedade Teosófica a Sra. Radha Burnier. (N.E.)

[24] Editora Teosófica, Brasília, 2010. (N.E.)

Informações sobre Teosofia e o Caminho Espiritual podem ser obtidas na Sociedade Teosófica no Brasil no seguinte endereço: SGAS - Quadra 603, Conj. E, s/nº, CEP 70.200-630 Brasília, DF. O telefone é (61) 3226-0662. Também podem ser feitos contatos pelo telefax (61) 3226-3703 ou e-mail: st@sociedadeteosofica.org.br - www.sociedadeteosofica.org.br.

gráfika®
papel&cores

(61) 3344-3101
papelecores@gmail.com